AF359511

LA
TOUR DE NESLE

A

PONT-A-MOUSSON

PARODIE-VAUDEVILLE EN TROIS PETITS ACTES ET SIX GRANDS TABLEAUX

PAR

MM. THÉODORE COGNIARD ET CLAIRVILLE

Représentée pour la première fois, à Paris, sur le théâtre des VARIÉTÉS,
le 30 mai 1861

PARIS

MICHEL LÉVY FRÈRES, LIBRAIRES-ÉDITEURS

RUE VIVIENNE, 2 BIS

—

1861

DISTRIBUTION

PROLOGUE

CHIGNASSON, garçon d'écurie..........	MM. Christian.
TOURNESOL, propriétaire.............	Ch. Potier.
NICOLAS, marmiton...................	Grenier.
JACQUOT, garçon d'auberge..........	Aurèle.
MOUFLETON, aubergiste.............	Ch. Blondelet,
TROMBINETTE, fille d'auberge...........	Mlle Alphonsine.

PIÈCE

BURIDAN............................	MM. Christian.
LOUIS X............................	Ch. Potier.
GAUTHIER D'AULNAY...............	Grenier.
PHILIPPE D'AULNAY...............	Aurèle.
ORSINI.............................	Ch. Blondelet.
SAVOISY...........................	Delière.
ENGUERRAND DE MARIGNY..........	Videix.
DE PIERREFONDS....................	Raymond.
MARGUERITE DE BOURGOGNE........	Mlles Alphonsine.
JAVOTTE...........................	Colombe.
UN PAGE...........................	Mignonne.

Seigneurs, dames, pages, gardes.

Les indications sont prises de la gauche du spectateur. — L
personnages sont inscrits en tête des scènes dans l'ordre qu'
occupent au théâtre. Les changements de position sont indiqu
par des renvois au bas des pages.

LA
TOUR DE NESLE
A
PONT-A-MOUSSON

ACTE PREMIER ET PROLOGUE

Une salle d'auberge : porte au fond; portes latérales.

—

SCÈNE PREMIÈRE.

JACQUOT, CHIGNASSON, MOUFLETON.

(Ils entrent de la droite en portant deux malles à eux trois.)

MOUFLETON.

Pas si vite donc !

CHIGNASSON.

C'est Jacquot qui me tire comme une bourrique...

JACQUOT.

C'est que t'en est une fière de bourrique...

CHIGNASSON.

Dis donc, toi, criquet, prends garde que je ne t'envoie une ruade quéqu' part.

MOUFLETON.

Taisez-vous et déposez ces malles, là, dans ce coin-ci... Oh ! les gueux ! oh ! les brigands !... (Chignasson et Jacquot posent les malles au fond à gauche.)

JACQUOT.

C'est-y donc vrai, not' maître, que les comédiens sont partis?

MOUFLETON.

Oui, sans tambour ni trompette... en m'emportant trois cent quarante-sept francs cinquante centimes, et en me laissant leurs malles pour nantissement...

CHIGNASSON, avec sentiment.

Partie !...

JACQUOT, de même.

Partie !... queu guignon !

CHIGNASSON.

Oh ! Noémie ! Noémie !...

MOUFLETON.

Qu'est-ce que t'as, toi, imbécile ?

CHIGNASSON.

Quoi que j'ai ?

MOUFLETON.

Oui.

CHIGNASSON.

J'ai que mon cœur est gonflé.

MOUFLETON.

Et la cause de ce gonflement ?

CHIGNASSON.

C'est qu'elle est partie... elle , Noémie !... la *grande premier*
rôle en tous genres, celle qui devait jouer Marguerite de Bourgogne dans *la Tour de Nèfle !*

MOUFLETON.

Qu'est-ce que ça peut te faire, ça, oie que tu es ?...

CHIGNASSON.

C'est parce qu'elle m'avait *ré*marqué... cette femme, et
qu'elle savait faire une *çar*taine distinction entre moi et une
oie... bourgeois.

JACQUOT.

Elle t'avait *ré*marqué ?

MOUFLETON.

Toi ?...

CHIGNASSON.

Oui, un soir que je ba*liy*ais le devant de l'écurie... Elle
jouait avec son éventail... elle avait un œil sur moi... Tout à
coup v'là qu'elle s'écrie : « Ah! j'ai oublié de lacer ma bottine droite !... » Je me propose... pour femme de chambre !...

JACQUOT.

Eh bien ?

CHIGNASSON, avec fatuité.

Je lui ai lacé sa bottine.

JACQUOT, lui donnant une tape.

Ah ! satané séducteur, va ! moi aussi, que j'en avais relu-
qué une... Figurez-vous, bourgeois...

MOUFLETON.

En v'là assez sur ces *hes*trions et ces *hes*trionnes! Qu'on ne
me parle plus de ces bateleurs.

JACQUOT.

Mais dites donc, not' maître, y me semble que vous n'avez
plus tant à crier contre eux, du moment que vous possédez
leurs costumes.

CHIGNASSON.

De si beaux costumes!

MOUFLETON.

Oui, il y en a tout au plus pour une trentaine de francs!...
(Appelant.) Trombinette! Trombinette!... Mais où s'est-elle
fourrée, celle-là?

JACQUOT.

Ah ben, oui ! vous pouvez bien vous égosiller à l'appeler...

CHIGNASSON.

J' gage qu'elle est encore dans la grange à déclamer
des comédies, ou à poignarder quelques bottes de foin?

MOUFLETON, étonné.

Trombinette!...

CHIGNASSON.

En voilà z-une que les comédiens ont toquée!...

MOUFLETON.

Je vas à sa rencontre, et si je la trouve à déclamer au lieu
de laver ses assiettes...

NICOLAS, criant dans la coulisse.

Oh! mais c'est pas possible!

MOUFLETON.

Allons, bon ! en v'là un autre!..

JACQUOT.

C'est Nicolas, le marmiton.

CHIGNASSON.

Quoi qu'il a donc à crier comme ça !

SCÈNE II.

LES MÊMES, NICOLAS.

NICOLAS, entrant par le fond, en pleurant *.

Non, j' peux pas y croire!... Non ! j' peux pas y croire!

MOUFLETON.

Ah çà ! nous diras-tu ce que t'as, toi?

NICOLAS.

J'ai, bourgeois, que ça me chiffonne que les comédiens
se soient en allés!... J' dis que c'est petit d' vot' part d' les
avoir chagrinés pour de l'argent, parce qu'on doit toujours
faire crédit à des comédiens... que c'est pas des hommes
comme les autres.

JACQUOT.

Il a raison... et les actrices non plus, c'est pas des femmes
comme les autres.

CHIGNASSON.

Non... que c'est des femmes à part, qu'il faut qu'on se
mette à genoux devant.

* Jacq. Chig. Nic. Mouf.

MOUFLETON, passant près de Chignasson[*].

Ah! sapristi! nom d'un petit bonhomme! tâchez tous un peu ici de ne pas m'asticoter plus longtemps, et de vous occuper de vos ouvrages respect*ives*, ou sans quoi de quoi, je vous fiche tous à la porte. Vous m'avez entendu?... Que personne ne bouge!... (En s'en allant.) Qu'est-ce qui m'a fichu des animaux aussi bêtes que ceux-là!... Ah! mais... qu'on ne m'échauffe pas les oreilles plus longtemps! nom d'un nom! (Il sort par le fond.)

SCÈNE III.

JACQUOT, CHIGNASSON, NICOLAS.

CHIGNASSON.

L'entendez-vous, comme il bougonne en s'éloignant?... Au théâtre, ça s'appelle bougonner à la *castonade*...

JACQUOT, à Nicolas.

Mais, au fait, toi, quenque tu regrettes?

NICOLAS.

Qui qu' je regrette? Je regrette Castagnol, mon ami, le premier comique de la troupe. Y n' quittait pas mes fourneaux, c' farceur-là... y me racontait des bêtises en goûtant à toutes mes sauces... C'était la joie de ma cuisine!

CHIGNASSON.

C'est moi qu'il faut *plaigner*; car, tel que vous m' voyez, j'étais t-épris de Marguerite la Bourguignote.

JACQUOT.

Et moi, de la jeune première, qui jouait les jeunes premiers et qui devait jouer le rôle de Philippe Delaunay.

NICOLAS.

Bah!... Comment, tous les deux?

CHIGNASSON.

Chut! V'là donc qu'un soir j'étais en train de donner un picotin à la Grise, et je n'étais éclairé que par ma lanterne...

Air: *J'en guette un petit de mon âge.*

Je me trouvais au fond de l'écurie,
    Seul à seul avec ma jument;
V'là qu' tout à coup un' femm' entre et s'écrie:
    Ah! la bell' bête!... en me r'gardant.
J' crois qu' c'est Jacqu'line, et j' quitte ma besogne
Pour l'embrasser, j' fais deux ou trois grands pas...
Et tout à coup je me trouv' dans les bras,
    De Marguerite de Bourgogne!...
    C'était Margu'rite de Bourgogne!

[*] Jac. Chi. Mou. Nic.

NICOLAS.

Elle a joliment dû te rembarrer !   ,

CHIGNASSON, se lissant les cheveux.

Pas trop !... pas trop !... et c'est pour cela que je la regrette !

JACQUOT.

Eh bien, moi, c'est une autre histoire... avec l'amoureuse de la troupe... Toutes les fois que je la rencontrais, elle m' disait : « Jacquot, je n'ai pas de mémoire, veux-tu me faire répéter mon rôle?... »

Air de *l'Ermite de Sainte-Avelle.*

D'abord ça m' parut z-assez drôle...
Ça m' plaisait, je l' dis sans détour ;
Mais quand j' lui f'sais r'passer son rôle,
C'était toujours la scène d'amour.
Ell' me criait si bien : Je t'aime !
Que, moi, je croyais qu' c'était vrai...
Et v'là comm' je d'vins, ici même,
Amoureux d' Philipp' Delaunay !
Oui, v'là comm' je d'vins, ici-même, etc.

NICOLAS.

Oh ben ! moi, j' m'ai pas occupé des actrices. — Je ne regrette que Castagnol.

Air de *Marianne.*

Castagnol avait l'air si bête !...
Ah ! grand Dieu, qu'il m'amusait donc !
En me chantant la chansonnette
De m'demoiselle Frétillon !
   Mêm' sans rien dire,
   Il m' f'sait rire...
L'autre semaine, y m' mit : Veux-tu parier,
   Grand Nigodème,
   Qu'à l'instant même
J'aval' sans boire un poulet tout entier.
Il mange, il se tord, il soupire
Il devient bleu, rouge et violet...
Un instant de plus il crevait !
   Ah ! comme il m'a fait rire ! (*bis*)

TROMBINETTE, au dehors.

Vous m'avez blessée, monsieur, et cette marque-là... c'est comme si que vous auriez vu mon visage !

CHIGNASSON.

Bon ! v'là Trombinette qui déclame.

JACQUOT.

Ah ! comme elle est fagotée ! (Trombinette entre par la gauche.)

SCÈNE IV.

LES MÊMES, TROMBINETTE, qui a mis son tablier de toile grise sur son épaule, en guise de manteau, et qui se cache la figure derrière une large écumoire.

TROMBINETTE, déclamant *.

« Ah! tu veux me voir pour me reconnaître?...Voir ton visage et puis mourir! que tu me disais. Qu'il soit donc fait ainsi que tu le désires!... (Elle ôte l'écumoire de devant sa figure.) Regarde et meurs!... » Couic!

TOUS.

Bravo! bravo!

TROMBINETTE.

Tiens, vous étiez là?...

CHIGNASSON.

Oui, que nous y étions, et que nous nous désolions...

TROMBINETTE.

Pourquoi ça donc?

NICOLAS.

Pardine! parce que tous les comédiens sont partis...

TROMBINETTE.

Qu'est-ce que ça me fait! Ce que j'aime, moi, c'est pas les comédiens, c'est la comédie! c'est l'art! Quand je cuisine... je ne pense plus à mes fricots, je pense à l'art. Tout à l'heure, en faisant mon omelette, je m'écriais : O l'art! l'art!

JACQUOT.

C'est si bon une omelette au lard!

TROMBINETTE.

Je te parle de l'art de la comédie, petit melon! Ah! quand on sent qu'on a de ça...(Elle se frappe sur la poitrine.) et, comme disait le père Orsini, quand on a de l'œil, du cheveu et de la dent, comme ça humilie de *vergeter* dans une cuisine d'auberge de quat' sous, au lieu de monter sur les planches!... Je pourrais m'élancer en pleine scène, et je barbotte dans l'eau de vaisselle... chez le sieur Moufleton, à l'enseigne du *Bon-Picolin!*... Malédiction! malédiction! malédiction!...

NICOLAS.

Ainsi, t'aurais le toupet de grimper sur un théâtre, toi?

TROMBINETTE.

Pour jouer la comédie, je grimperais à un mât de cocagne!

NICOLAS.

Tu veux t'élever... ça se conçoit.

TROMBINETTE.

Ah! que c'est beau! ah! que c'est beau! ah! que c'est beau!

* Jac. Chi. Trom. Nic.

TOUS.

Quoi donc?

TROMBINETTE.

De pouvoir se dire : V'là un tas de gens qui ont quitté leurs affaires, leur dîner, leurs mioches, pour venir me voir jouer ! Tous ces gens-là, j'vas les faire frémir !... j'vas les estomaquer ! j'vas les faire pleurer comme des veaux !... Ah ! qu' c'est beau ! ah ! qu' c'est beau ! ah! qu' c'est beau !

Air du Gamin de Paris.

Lorsque le rideau
Se lève et que, d'vant tout' un' sall',
Dans un rôl' nouveau,
Une actrice obtient un bravo,
Quand mêm' ce bravo
Serait obtenu par cabale,
Ah ! que c'est donc beau !
C'est à donner le vertigo !
L'actrice paraît...
Quel effet ça fait !
D'un œil indiscret,
Depuis les pieds jusqu'à la tête,
On r'gard' sa toilette,
Ses épaul's, ses bras,
Et jusqu'à ses bas...
Je n' sais pas
C' qu'on ne r'garde pas !
Les spectateurs s'agitent...
Comme c'est émouvant,
Tous ces cœurs qui palpitent
Rien qu'en l'apercevant !
Chacun prend sa lorgnette,
Pour la voir de plus près ;
On l'admire, on la fête,
On lui jett' des bouquets !
Ah ! qu' c'est donc charmant
D'avoir du talent !
Et que je s'rais donc fière,
Si pour moi toute une salle entière
S'agitait comm' ça !
Le bonheur, le v'là !
Oui, le vrai bonheur toujours sera
Là !

Mais ce n'est rien qu' ça,
Sitôt que la pièce commence,
Quand on dit : La v'là !
Toutes les mains battent déjà !
Craignant d' la troubler,
Toute la salle fait silence ;
Quand ell' va parler,
On entendrait un' mouch' voler.

De ce qu'elle dit
On pleure, ou l'on rit ;
On s' pâm' quand on rit ;
Et, sitôt qu'on pleure, on se mouche.
Sortant de sa bouche,
Chaque mot grandit,
Et, plus elle en dit,
Plus ell' cri', plus on applaudit !
Tant plus ell' se démène,
Tant plus ça paraît beau !
On la rappelle en scène,
Au baiser du rideau !
Et, depuis le parterre
Jusqu'aux plac's à quatr' sous,
J'entends la salle entière
Crier : Tous ! tous ! tous ! tous !
Ah ! qu' c'est donc charmant
D'avoir du talent ! etc.

CHIGNASSON.

Satanée Trombinette ! elle vous électérise !

NICOLAS.

Elle vous émoustille !

JACQUOT.

Et quand je pense à tout ce monde qui va venir se casser le nez à la porte du théâtre... et qui ne pourra ni regarder, ni admirer, ni applaudir !...

NICOLAS.

C'est M. Tournesol qui va avoir un nez !

JACQUOT.

M. Tournesol ?... Ah ! oui, par exemple, lui qui avait corrigé la pièce...

CHIGNASSON.

Et c'est un auteur très-fort, même qu'il a eu une tragédie refusée à l'Odéon de Paris...

NICOLAS.

Il avait fait prendre des billets à toute la ville et en avait répandu à plus de six kilomètres à la ronde, que toute la salle était *retinte*... et que le sous-préfet devait venir aussi.

TOURNESOL, en dehors.

C'est bien, c'est bien... j'y vais moi-même !

CHIGNASSON.

Tiens... c'est sa voix !... Il a peut-être appris le départ de ses acteurs...

SCÈNE V.

LES PRÉCÉDENTS, TOURNESOL.

TOURNESOL, entrant par le fond *.

Tiens, il n'est pas là ?

TROMBINETTE.

Qui ça ?

TOURNESOL..

Ton bourgeois, Moufleton ?...

CHIGNASSON.

Il vient de sortir, n'y a qu'un quart d'heure...

TOURNESOL.

Où est-il allé ?

NICOLAS.

Oh ! pas bien loin, sans doute...

TOURNESOL..

Eh bien, mettez vous tous à sa recherche, et dites-lui
que je l'attends ici, pour l'affiche...

JACQUOT, bas aux autres.

Tiens, il a l'air de ne rien savoir.

TOURNESOL.

Allons, vite... vite !...

Air de *l'Abbé galant.*

Je le demande,
Il faut qu'à mon ordre il se rende.
Je le demande,
Et veut
Qu'il se rende
En ces lieux !

REPRISE ENSEMBLE.

Il le demande,
A son ordre il faut qu'il se rende.
Il le commande,
Et veut
Qu'il se rende
En ces lieux !

(Jacquot et Chignasson sortent par le fond; Trombinette et Nicolas par la
droite.)

SCÈNE VI.

TOURNESOL, seul.

Quelle joie ! quel triomphe ! quel honneur pour moi ! Je
ne puis me lasser de relire cette lettre... (Lisant.) « Cher con-
frère, vous nous annoncez que, pour le théâtre de Pont-à-

* Jac. Chi. Tour. Trom. Nic.

Mousson, où l'on va jouer *la Tour de Nesle*, vous avez eu l'heureuse idée de mettre la pièce en vaudeville et en quatre tableaux. Mettre des couplets dans *la Tour de Nesle*, voilà certes une idée qui ne nous serait pas venue; elle peut avoir son charme, et nous vous en félicitons... Signée : Frédéric et Alexandre. — *post-scriptum.* Ne pourriez-vous pas y mettre une petite ronde de M. Offenbach? Signé : Alexandre et Frédéric. — Deuxième *post-scriptum.* En choisissant l'air des *Aveugles*, cela donnerait une grande couleur moyen âge à notre drame... Signé : Frédéric et Alexandre.» La ronde y est! —Elle est chantée par Marguerite de Bourgogne, avec accompagnement de castagnettes. — Ah! cette lettre m'enivre d'orgueil! J'ai eu une idée qui ne serait pas venue aux auteurs de *la Tour de Nesle*, eux qui en ont tant... Et quand ils connaîtront mon nouveau dénoûment... quelle surprise!... C'est le directeur de la Porte-Saint-Martin qui va un peu le pincer, ce dénoûment-là!... Je le veux bien!... mais qu'on mette alors mon nom sur l'affiche... Je me contenterai, au besoin, des trois étoiles qui ont disparu, mais avec la promesse que, dans trente ans, le nom de Tournesol brillera en toutes lettres à la porte du théâtre.

SCÈNE VII.

MOUFLETON, TOURNESOL.

MOUFLETON, entrant par le fond.

C'est vous qui me demandez, monsieur Tournesol?

TOURNESOL.

Oui, Moufleton, c'est moi... Une affaire très-importante m'appelle à douze lieues d'ici; je ne pourrai être de retour que pour la représentation, et je vous prie d'en informer les artistes, qui sont vos pensionnaires...

MOUFLETON.

Permettez...

TOURNESOL.

J'ai écrit ce matin à M. le sous-préfet, pour qu'il daigne assister à la représentation...

MOUFLETON.

Quelle représentation?

TOURNESOL.

Eh! parbleu! celle de demain...

MOUFLETON.

Comment! vous ne savez donc pas?...

TOURNESOL.

Quoi?...

MOUFLETON.

Ils sont partis...

TOURNESOL.

Qui?...

MOUFLETON.

Les comédiens...

TOURNESOL, faisant un bond.

Hein !

MOUFLETON.

Je leur ai coupé les vivres... Ils me devaient trois cent quarante-sept francs cinquante centimes, et, cette nuit, ils ont levé le pied... en me laissant leurs costumes... et voilà !

TOURNESOL.

Vous avez fait cela ?...

MOUFLETON.

Oui, ils ont fait cela...

TOURNESOL.

Et vous en parlez sans frémir ?

MOUFLETON.

Je frémis d'en être pour trois cent quarante-sept francs cinquante centimes.

MOUFLETON, exaspéré.

Malheureux !... (Moufleton passe à droite *.) Une pièce attendue depuis un mois... pour laquelle on a loué toutes les places, que le sous-préfet du département doit honorer de sa présence... Une pièce que j'ai remaniée, mise en couplets, avec l'autorisation et l'approbation des auteurs... qui, dans cette lettre que vous voyez... (Il la lui fourre sous le nez.) m'envoient leurs félicitations élogieuses... cette pièce ne serait pas représentée?

MOUFLETON.

Mais ça n'est point ma faute; puisque la troupe est partie sans me prévenir... je ne pouvais pas les arrêter...

TOURNESOL.

Courez après eux, monsieur; rattrapez-les, je vous le conseille, rattrapez-les!...

MOUFLETON.

Mais s'ils sont partis par le chemin de fer, comment voulez-vous que je les rattrape?

TOURNESOL.

Écoutez-moi, monsieur Moufleton, écoutez-moi. La pièce est affichée; on doit accourir, pour la voir, de quinze communes environnantes. Demain, il y aura agglomération de populaire sur la place du théâtre; tout ce que la ville renferme de distingué viendra se briser le nez sur la porte close... Vous connaissez le caractère impétueux des habitants de ce pays : on brisera les portes, on cassera les banquettes, peut-être ira-t-on jusqu'à mettre le feu au théâtre... Eh bien, monsieur Moufleton, écoutez bien ce que je vais vous dire :

* Tour. Mouf.

Vous payerez les portes, vous payerez les banquettes, vous payerez tous les dégâts qui se feront, et moi, devant les autorités compétentes, je vous rends responsable de tous les cataclysmes que votre sordide avarice aura causés.

MOUFLETON.

Mais, sapristi ! je suis ruiné, moi !

TOURNESOL.

J'ajouterai que vous m'avez demandé à renouveler le bail de cette auberge, qui m'appartient... et que je ne renouvellerai ce bail que si *la Tour de Nesle* est représentée... Rattrapez donc les comédiens, monsieur, rattrapez les comédiens !... (Il sort furieux par le fond.)

MOUFLETON , seul.

Que je les attrape, quand ce sont eux qui m'ont attrapé !.. Mais, saperlotte ! sac à papier ! nom d'une pipe !... je ne peux pourtant pas rester dans cette position !... Si le théâtre brûle, mon auberge peut brûler aussi, et, si tout brûle, je suis flambé !... c'est clair !... J'en deviendrai fou ! (Il tombe accablé sur une chaise.)

SCÈNE VIII.

MOUFLETON, TROMBINETTE, entrant par la droite.

TROMBINETTE , qui ratisse une carotte.

Not' maître !

MOUFLETON.

Ah ! te v'là, toi ?

TROMBINETTE.

J'ai tout entendu.

MOUFLETON, se levant.

Hein ?

TROMBINETTE.

J'ai tout entendu en ratissant mes carottes.

MOUFLETON.

Tu te permets d'écouter aux portes ?

TROMBINETTE.

C'est une habitude que j'ai... et c'est heureux, car je crois que je peux vous tirer d'embarras, not' maître.

MOUFLETON.

Toi ?

TROMBINETTE.

Si vous le voulez, je jouerai demain Marguerite de Bourgogne...

MOUFLETON.

Qu'est-ce que tu dis ?

TROMBINETTE.

Je sais le rôle, et, si vous le voulez...

MOUFLETON, lui prenant les deux mains qu'il secoue.

Est-ce que tu te moques de moi... hein?

TROMBINETTE.

Je ne me moque point, et je vous jure que demain...

MOUFLETON.

Demain, je te ficherai à la porte.

TROMBINETTE, se drapant tout à coup dans son tablier et déclamant,

en passant à gauche *.

« A demain donc, démon! Ah! si je te tiens un jour entre mes mains, comme tu viens de me tenir dans les tiennes... malheur, malheur à toi de venir ainsi me braver, moi, fille de duc! moi, femme de roi! moi, régente de France! » (Elle brandit sa carotte.)

MOUFLETON, lui ôtant instinctivement son bonnet.

Madame, certainement, croyez que si j'avais su... Que j' suis bête!... c'est ma servante!...

TROMBINETTE.

Air : Vaudeville de *l'Avare et son ami.*

Hein ! qu'est-ce que vous en dit's, not' maître ?

MOUFLETON.

J' dis que j' suis dans l'admiration.

TROMBINETTE.

C'est-y ben ça ?

MOUFLETON.

Sans le r'connaître.

TROMBINETTE.

Eh bien ! sans plus de réflexion,
Acceptez ma proposition.
Pour bien crier j' suis pas bégueule...

MOUFLETON.

Mais ça n' me tire pas d'embarras,
Car, enfin, tu ne pourrais pas
Jouer *la Tour de Nesle* à toi seule. (*bis*)

TROMBINETTE.

Ça, c'est vrai; mais c'est toujours le principal rôle que vous avez sous la main, et c'est quelque chose...

SCÈNE IX.

Les mêmes, CHIGNASSON.

(Il a quitté sa blouse; il s'est habillé et il porte un paquet au bout d'un bâton.)

CHIGNASSON, entrant par le fond **.

Pardon, excuse, bourgeois! Est-ce que vous pourriez me régler mon compte, sans vous commander?

* Tromb. Mouf.
** Tromb. Chig. Mouf.

MOUFLETON.

Tu t'en vas?

CHIGNASSON.

V'là ce que c'est... Depuis que j'ai z-embrassé Marguerite de Bourgogne, y s' passait quéqu' chose en moi que je ne pouvais pas déchiffrer, et ce quéqu' chose, je le tiens à présent. Je veux me faire acteur, et je pars rejoindre la troupe de Noémie...

MOUFLETON.

Ah çà! est-ce que tu t'imagines qu'on devient comédien comme ça, toi?...

CHIGNASSON.

On me fera faire les quinquets pour commencer, ça m'est égal... Après ça, je deviendrai souffleur... et que ça m'ira, vu que j'ai des *pomons*, que j'éteins une bougie à trente pas... et, enfin, peu-z-à peu, j'arriverai!... Oui, oui... j'arriverai! parce que je sens que j'ai les *inxtincts* et les *exclamations* du théâtre... que déjà je me vois jouer, et que je me trouve beau!

TROMBINETTE.

Quelle idée, Chignasson! Veux-tu jouer Buridan?...

CHIGNASSON.

Où ça?

TROMBINETTE.

Ici, sur le théâtre de la ville, demain soir... Auras-tu ce toupet?

CHIGNASSON.

Ce n'est pas le toupet qui me manque, même que Noémie prétendait que je ressemblais à M. Méringue, et que j'en avais même les organes...

MOUFLETON.

Mais encore faut-il savoir le rôle...

CHIGNASSON.

Oh! je le sais!... C'est pas ça qui peut m'embarrasser... (Se servant de son bâton comme d'une épée.) « Dix contre un! dix manants contre un *gentilhôme*, c'est cinq de trop... Arrière! »

MOUFLETON.

Superbe!

CHIGNASSON, continuant.

« Hôtelier du diable, ferme ta porte, et que pas un de ces truands ne sorte pour donner l'alarme... ils ont eu tort... (A Trombinette.) Vous avez eu tort!... »

TROMBINETTE.

Bravo!

MOUFLETON.

C'est incroyable! Dire que j'avais, sans m'en douter, des acteurs dans ma cuisine et dans mon écurie! Mais ça ne me tire pas encore d'embarras. Je ne peux pas jouer *la Tour de Nesle* avec deux personnages.

SCÈNE X.

Les mêmes, NICOLAS et JACQUOT*.

JACQUOT, entrant par le fond avec Nicolas.

Je te dis qu' si !

NICOLAS.

Moi, je te dis qu' non !

JACQUOT.

Est-il entêté, celui-là !...

NICOLAS.

A preuve que c'est à la deuxième acte, et voilà comme il
disait : « Marguerite ! Marguerite ! O *feublesse* humaine... oh !
pardon, ô mon frère !... Oh ! je n'étais pas *vénu* pour parler
d'amour, pas plus que pour rassurer les craintes frivoles
d'une femme, d'une grosse jalouse... J'étais *vénu* pour te
venger, ô mon frère, pardon, pardon, ô mon frère ! »

TROMBINETTE, passant près de Nicolas **.

Vivat ! Nicolas sait le rôle de Gauthier d'Aulnay... et si
Jacquot pouvait jouer le petit Philippe...

JACQUOT.

Si, que je pourrais le jouer, moi que je faisais repasser ce
rôle matin et soir à mademoiselle Rosalinde... (Allant à Moufleton ****.) « Un de tes garçons taverniers peut-il, moyennant
ces deux sous parisis, porter ce billet par là ? »

MOUFLETON, étourdi.

Hein ! quel billet ?

JACQUOT, continuant.

« Écoute, gars... prends cet argent et va-t'en au Louvre.
Tu demanderas le capitaine Gauthier d'Aulnay, et tu lui
remettras ce billet... »

TROMBINETTE, passant près de Jacquot.

Mais c'est magnifique ! Mais nous voilà déjà quatre... les
rôles principals !

CHIGNASSON ***.

La tête de troupe !

TROMBINETTE.

Il ne nous manque plus qu'Orsini.

MOUFLETON, timidement, et passant près de Trombinette *****).

Est-ce que je ne pourrais pas faire ça ?

TROMBINETTE.

Au fait ! pourquoi pas ?

---

* Tromb. Chig. Jac. Nic. Mouf.
** Chig. Jac. Tromb. Nic. Mouf.
*** Chig. Tromb. Nic. Jac. Mouf.
**** Chig. Nic. Tromb. Jac. Mouf.
***** Chig. Nic. Tromb. Mouf. Jac.

CHIGNASSON.

Mais certainement... Orsini est un homme très-laid... d'une figure ignoble... le bourgeois a le physique du personnage....

NICOLAS.

Savez-vous le rôle?

MOUFLETON.

Ah non!... Seulement, je me rappelle très-bien que celui qui devait le jouer était enrhumé de cerveau ; c'est pas embarrassant... ça s'attrape tout de suite.

TROMBINETTE.

Et puis, on fera une annonce...

NICOLAS.

Une annonce, à qui?

TROMBINETTE.

Demain, sur le théâtre de la ville!...

JACQUOT ET NICOLAS, étonnés.

Avec nous?

MOUFLETON.

Oui.

JACQUOT ET NICOLAS, sautant.

Ah! quel bonheur! quel bonheur !

MOUFLETON.

Mais les petits rôles?

TROMBINETTE.

Nous avons le garde champêtre, le perruquier et tout le village.

TOUS.

C'est juste!

TROMBINETTE.

Mais des costumes?

CHIGNASSON.

Nous avons ceux des comédiens.

MOUFLETON.

Voici les malles. (On les apporte au milieu du milieu du théâtre.)

TROMBINETTE *.

Ah ! je veux essayer le mien.

TOUS.

Et moi aussi !

ENSEMBLE.

Air d'*Orphée aux Enfers* (OFFENBACH).

Ah! Dieu! quel bonheur!
Nous allons jouer la comédie!

CRIGNASSON.

Je vais t-être acteur!

NICOLAS.

Je vais m'habiller en seigneur!

* Nic. Chig. Jac. Mouf. Tromb.

TROMBINETTE.

Ah! ah! ah! ah! ah!
Tout' la sall' va t-êtr' ravie!

JACQUOT.

Ah! ah! ah! ah! ah!
Comme on nous applaudira!

ENSEMBLE.

Ah! ah! ah! ah! ah!
Tout' le sall'..., etc.

(Pendant le milieu de l'air, ils retirent tous des effets des malles.)

MOUFLETON.

Voyez comm' c'est beau!

TROMBINETTE.

Voyez donc comm' c'tte robe est belle!

NICOLAS.

Ah! Dieu! l' beau manteau!

JACQUOT.

Les bell's bott's!

CHIGNASSON.

Et le biau chapeau!

TROMBINETTE.

Ah! ah! ah! ah! ah!
Ce soir dans *la Tour de Nesle*.
Ah! ah! ah! ah! ah!
Comme on nous applaudira!

ENSEMBLE.

Ah! ah! ah! ah! ah!
Ce soir, etc.
(Ils dansent en rond autour des malles.)

____

ENTR'ACTE

___

(Après le premier acte, on frappe les trois coups. — L'ouverture commence,
mais le bruit des instruments est bientôt couvert par deux voix qui se que-
rellent dans le trou du souffleur.)

LA VOIX DE TOURNESOL.

Non! jamais! jamais! Je ne le souffrirai pas; c'est une
horreur, une infamie!

VOIX DE MOUFLETON.

Mais, laissez-moi donc vous dire! Je vous assure que ça
ira très-bien, et que vous avez tort! (L'orchestre s'arrête.)

LA VOIX DE TOURNESOL.

Non! je ne le permettrai pas!

LA VOIX DE MOUFLETON.

Laissez-moi donc vous expliquer!

LA VOIX DE TOURNESOL.

Jamais! jamais! jamais!

MOUFFLETON, paraissant au trou du souffleur, face au public et habillé en Orsini.

Eh bien, je vais dire au public...

LA VOIX DE TOURNESOL.

Non! vous ne lui parlerez pas! (Moufleton disparaît tout à coup comme un homme qui disparaîtrait par une trappe.)

TOURNESOL, paraissant au trou.

C'est moi qui lui parlerai!... Oui, je lui parlerai... Je vous parlerai, messieurs, je vous dirai... Apprenez donc que... (Il disparaît comme Moufleton. — On entend la dispute qui recommence dans le dessous.)

VOIX DE MOUFLETON.

Tu ne parleras pas!

VOIX DE TOURNESOL.

Je parlerai! (Parlant ensemble.)

MOUFLETON.

Ah! canaille! tu me fais dégringoler, gueux! brigand!

TOURNESOL.

Ah! gredin! tu me tires par les jambes! drôle! scélérat!. (Reparaissant tous les deux au trou, face au public.)

ENSEMBLE.

Je parlerai!... Je veux parler!...

TOURNESOL.

Messieurs...

MOUFLETON.

Messieurs...

TOURNESOL.

Apprenez...

MOUFLETON.

Sachez que...

TOURNESOL.

Veux-tu te taire?

MOUFLETON.

Eh bien! oui, parlez le premier, j'y consens; je vous ré-pondrai... Parlez! (Il se croise les bras.)

TOURNESOL.

Messieurs, je ne dois plus vous le cacher... je suis l'auteur de la nouvelle *Tour de Nesle;* c'est-à-dire que, dans l'intérêt de Pont-à-Mousson, mon pays natal, j'ai corrigé l'ancienne pièce, dont j'ai épuré le style et modifié les situations. Ainsi, par exemple, j'ai supprimé le premier tableau, la taverne d'Orsini, vous savez?... Pour des raisons à moi, ce tableau ne servait qu'à amener Philippe et Buridan à la tour de Nesle... Je les y mène tout de suite, et je supprime la taverne d'Or-sini. J'ai écrit la pièce entièrement, dans un style plus moderne; je l'ai orné de couplets moraux, et j'ai fait un nouveau dénoûment qui, j'en suis sûr, réjouira les cœurs vertueux de Pont-à-Mousson. Donc, une telle pièce, ainsi remise à neuf, ne pouvait être jouée que par des comédiens hors ligne, et je les avais choisis moi-même. Ainsi, par exemple, pour le rôle de Buridan, j'avais fait choix d'un acteur dont les allures étaient héroïques... Car si Buridan n'a pas les allures héroïques, va te promener ! il n'y a plus de *Tour de Nesle*, n'est-ce pas ? Eh bien ! j'arrive à l'instant d'un voyage de douze heures, et ce misérable-là...

MOUFLETON.

Monsieur!...

TOURNESOL.

Tais-toi!... Ce scélérat m'apprend que mes comédiens hors ligne sont partis par celle du Nord, et qu'ils ont été remplacés par des servantes d'auberge, des marmitons et des garçons d'écurie... Voilà ce qu'il m'apprend !

MOUFLETON.

Avez-vous fini?...

TOURNESOL.

Mais, bénis le ciel que je n'aie pas sur moi un revolver à six coups... je te brûlerais six fois la cervelle... misérable !... Voyons, que peux-tu me répondre ?...

MOUFLETON.

J'ai à répondre qu'il était impossible d'entendre la prose et les couplets de M. Tournesol sans les savoir tout de suite par cœur... J'ai à répondre, messieurs, que, depuis un mois que M. Tournesol fait répéter son drame, tout le monde, chez moi, est dans l'admiration !... J'ai à répondre, enfin, que les comédiens ayant quitté la ville, les habitants de Pont-à-Mousson allaient se voir privés du plus grand bonheur qu'un mortel puisse éprouver, et que la postérité elle-même allait perdre le plus grand des chefs-d'œuvre... (Visiblement ému, Tournesol s'essuie les yeux.) Alors, qu'avons-nous osé faire ?... Nous nous sommes réunis, nous avons consulté nos forces, nous avons répété vos sublimes tirades, monsieur, nous avons chanté vos divins couplets, monsieur, et, pardonnez à cet aveu, peu modeste peut-être, la force de votre génie nous avait soutenus, sans doute, car nous nous sommes trouvés bons, et nous nous sommes admirés ! (Tournesol l'embrasse.)

TOURNESOL.

Un seul mot... Réponds-moi... Buridan a-t-il l'extérieur héroïque ?

MOUFLETON.

C'est le grand Chignasson, qui a cinq pieds six pouces...

TOURNESOL.

C'est quelque chose... Mais vos acteurs n'ont jamais joué la comédie.

MOUFLETON.

Non... mais ils ont vu répéter les comédiens qui sont partis. Ils ont retenu les rôles, imité leurs gestes, et jusqu'au son de leur voix... Et, comme ces comédiens imitaient les comédiens de Paris et que nous les imitons, c'est absolument comme si les comédiens de Paris jouaient ce soir à Pont-à-Mousson... Notre public pourra se croire à la Porte-Saint-Martin.

TOURNESOL.

Si vous me répondez que ce sera aussi bien ?...

MOUFLETON, en confidence.

Entre nous... ça sera mieux.

TOURNESOL.

Ça me suffit. — Allez, Moufleton, allez dire à vos camarades que je vais solliciter pour eux l'indulgence du public... (*Moufleton disparaît.* — *Tournesol, au public.*) Messieurs, vous venez d'assister à ce débat, et vous devez partager mes craintes... Mais, fallait-il priver la ville du plaisir qu'elle se promet? Si, pourtant, ces acteurs sortis d'une cuisine commettaient quelques liaisons... dangereuses, dites-vous : Après tout, ça n'est pas leur état. (*On frappe les trois coups.*) Mais les trois coups sont frappés, et vous avez dû remarquer, comme moi, que, toutes les fois qu'on frappe les trois coups, le spectacle commence... Or, mesdames et messieurs... j'ai bien l'honneur...

(*Il disparaît après avoir salué.*)

ACTE DEUXIÈME

PREMIER TABLEAU

Le théâtre représente l'intérieur de la tour de Nesle : une fenêtre au fond; portes latérales. A droite, une table sur laquelle fume une vieille lampe; une grosse cloche sur la table.

SCÈNE PREMIÈRE.

ORSINI. (MOUFLETON.)

(*Il est debout près de la fenêtre.* — *Éclairs et tonnerre au dehors.*

ORSINI.

La belle nuit pour une orgie-t-à la tour!... Le ciel est noir comme du cirage, la pluie tombe comme si qu'on la donnait pour rien ; il tonne, il vente, et le flot clapote en bas, pendant qu'on jabote en haut... (*On entend des éclats de rire.*) Oui... oui... riez, allez-y, jeunes étourneaux !... Vous avez encore

nque minutes à batifoler ; moi, *cinque* minutes à attendre...
, après quoi, zing !...Oh ! les crétins !... les *présompétueux !*
ȝ ne se doutent pas, les jobards, que, quand on est entré ici,
faut qu'on meure ! (Musique.)

UNE VOIX, au dehors.

Il est deux heures, la pluie tombe, il ne fait pas beau ; tout
st tranquille... Parisiens, dormez...

ORSINI, avec un rire sardonique.

Ah ! ah ! ah ! ah ! elle est bien bonne celle-là !... (Musique.)

SCÈNE II.

MARGUERITE (TROMBINETTE), ORSINI.

MARGUERITE, entrant par la gauche.

Orsini !...

ORSINI.

De quoi ?

MARGUERITE.

Tes hommes ?

ORSINI.

Là...

MARGUERITE.

Prêts ?...

ORSINI.

Oui !...

MARGUERITE, avec douleur.

Oh !

ORSINI.

Qu'est-ce ?

MARGUERITE.

Non !...

ORSINI.

Quoi ?...

MARGUERITE.

Orsini... cette nuit ne ressemble pas aux autres nuits... Ce
une homme ne ressemble pas aux autres *junes* hommes... Il
essemble comme deux gouttes d'eau... N'es-tu pas de mon
vis ?

ORSINI.

C'est tout son portrait !...

MARGUERITE.

Et puis, il est tout jeune... c'est une fleur !... un mou-
rd... Il ne peut être dangereux, ce petit.

ORSINI.

Quel est votre flan, madame ? (Se reprenant.) Votre plan ?...

MARGUERITE.

Pars !...

ORSINI.

Moi ?...

MARGUERITE.

Oui...

ORSINI.

Pourtant...

MARGUERITE.

Je l'ordonne !... Ce gamin est à moi ! je veux qu'il vive encore, qu'il connaisse le moyen âge.

ORSINI.

Après tout, ça vous regarde...

MARGUERITE.

Oui, oui, voilà ce que j'avais à te dire ; maintenant que je
te l'ai dit, je ne te dirai plus rien... Ouvre la porte, fais rentrer les poignards dans leurs gaînes, fais sortir le petit,
hâte-toi. Va... (D'un ton commun.) et qu'on se dépêche plus vite
que ça... si ça t'est égal, hein ?...

ORSINI.

Bonsoir ! (Orsini sort par la droite.)

MARGUERITE, seule.

Air : *Quand on va boire à l'écu.*

Non, non, je ne le tuerai pas,
Il est trop beau, trop gentil, trop aimable !
A table,
Il chantait mes appas :
Non, non, je ne le tuerai pas.
Je sais fort bien qu'un amant,
Peut être compromettant ;
Je sais bien que l'immoler,
S'rait l' moyen de l'empêcher de parler...
Mais non, je ne le tuerai pas...
Tuer les amants dont on veut se défaire
Ça peut causer trop de trépas,
Non, non, je ne le tuerai pas !

SCÈNE III.

PHILIPPE D'AULNAY (JACQUOT), MARGUERITE.

PHILIPPE, entrant par la gauche.

Où es-tu donc, ma vie, mon amour ? Eh quoi ! tu t'en vas,
quand je te demande ton nom et ton petit nom ? Est-ce un
nom d'ange ou de diablesse ?

MARGUERITE, qui a remis son masque.

Allons, petit, voici le jour qui luit... il est temps de rentrer
chez ta mémère...

PHILIPPE.

Le jour, la nuit... est-ce que ça m'occupe?... Il y a encore
des bougies et des cœurs qui brûlent... des vins qui vous ta-
pent... des gandins qui veillent et des maris qui dorment...

MARGUERITE.

N'abuse pas de ton petit bagou romantique, ô mon chéru-
bin! Il faut en finir... mon noble époux pourrait se réveiller...
(Avec âme.) A Chaillot, mon enfant, à Chaillot!

PHILIPPE.

Te quitter sans avoir vu ton visage, sans connaître ton
nom?... Dis-moi ton nom, au moins?...

MARGUERITE, avec force.

Mais tu vois bien que tout ce que je fais n'a pas de nom!...
Allons, partez en arrière, sans regarder par devant... Cette
nuit passée, je ne vous connais plus, vous ne me connaissez
plus. Demain, vous aurez le droit de dire : Elle était bonne!...
mais voilà tout! En avant... arche!...

PHILIPPE.

Ah! tu le prends sur ce ton-là, ma belle farceuse!... (Avec
amour.) Voyons, une fois, deux fois, tu ne veux pas me dire
ton nom?

MARGUERITE.

Non, monsieur...

PHILIPPE.

Une fois, deux fois, tu ne veux pas me montrer ton visage?

MARGUERITE.

Non, monsieur...

PHILIPPE, passant à droite et retirant de la coiffure de Marguerite une
longue épingle et la piquant à la joue *.

Eh bien, alors... tant pis pour toi!...

MARGUERITE.

Aïe!... Qu'avez-vous fait? (Elle va se regarder à une petite glace qui
est sur la table.)

PHILIPPE **.

Je t'ai marquée aujourd'hui, pour te reconnaître demain...

MARGUERITE, avec énergie.

Monsieur!... je vous croyais un gentilhomme, et vous n'êtes
qu'un rapin! Cette marque-là, c'est comme si que vous aviez
vu mon portrait!... Le petit melon que je voulais sauver!...
Cette égratignure-là te cuira... Fais ta prière, mon garçon...
ton lit est fait... on va te coucher! (Elle va à la table et agite la
grosse cloche. Orsini paraît. — A Orsini.) Qu'on l'assaisonne avec les
autres! (Elle sort en continuant d'agiter sa cloche. — Orsini la suit, après
avoir enlevé la lampe.)

* Marg. Phil.
** Phil. Marg.

ORSINI, avant de sortir.

Ah! ah! elle est encore bien bonne, celle-là. (Il sort derrière Marguerite par la gauche.)

SCÈNE IV.

PHILIPPE, puis BURIDAN, (CHIGNASSON).

PHILIPPE, fredonnant en la saluant comiquement.

Bonsoir, madame Pantalon ! Allons, bon ! elle me laisse sans lumière?... Elle est fâchée?... Elle se défâchera.

BURIDAN, entrant par la gauche. — Il se heurte à un tabouret et manque de tomber *.

Qui qu'est là ?

PHILIPPE, venant le regarder sous le nez.

Buridan !... toi ici?...

BURIDAN.

Moi z-ici... et toi z-aussi!... Ah! par le sangbleu, la farce est bonne !...

PHILIPPE.

Savez-vous où nous sommes?...

BURIDAN.

J'en ai une venette atroce. Vous ne savez donc pas quelles sont ces femmes?...

PHILIPPE.

Non...

BURIDAN.

Air : *Ne raillez pas la garde citoyenne.*

Ces beautés-là tiennent au demi-monde;
Avez-vous vu des costumes plus beaux?
Avez-vous vu chez la brune et la blonde
Des cœurs plus froids , des sourires plus chauds ?
Croyez-le bien, oui, c'est du demi-monde :
Peau de satin, main blanche et pied petit.
N'ont-elles pas, ce soir, en fait de ronde,
Chanté : *Voici, voici Paris la nuit?*
N'en doutez pas, c'est bien le demi-monde,
Fuyez, fuyez ces dangereux appas;
Si vous avez une âme pudibonde,
Enfant, ça brûle... enfant, n'y touchez pas!
C'est le plus grand de tous les demi-mondes :
On est ici logé, nourri, chauffé,
Et j'ai rougi des calembours immondes
Qu'on débitait au moment du café.
C'est évident, jamais le demi-monde

* Bur. Phil.

N'a festoyé comme on festoie ici !
Que de cliquot dans la coupe profonde !
Quelle bombance et quel charivari !
Oui, j'en réponds, femmes du demi-monde,
Elles étaient casquettes au dessert,
Et vous criaient, la face rubiconde :
Allons, partez, voyageurs pour l'enfer !
Oui, oui, oui, oui, c'est bien le demi-monde,
Monde pervers, monde à répudier !
Le monde entier doit fuir ce demi-monde,
Monde qui perd le monde tout entier !

PHILIPPE.

Ah ! mais, minute ; j'ai marqué la mienne en lui faisant une
égratignure à la joue gauche, avec cette épingle...

BURIDAN.

O malheureux petit serin ! Il y avait peut-être encore quelque chance de salut, et tu nous embroches avec ton épingle !

PHILIPPE.

Comprends pas !...

BURIDAN, le tournant vers la fenêtre.

Regarde devant toi... Quoi que tu vois ?

PHILIPPE.

Tiens, pardine ! c'est le Louvre...

BURIDAN.

A tes pieds ?

PHILIPPE.

La rivière.

BURIDAN.

Plus loin ?

PHILIPPE.

Les filets de Saint-Cloud !

BURIDAN.

Et autour de nous, la tourrrr de Nesle !!!

PHILIPPE.

Oh !... Ainsi, nous sommes ?...

BURIDAN.

Fichus !... bien fichus !...

PHILIPPE.

Et l'on nous a enlevé nos armes !... Écoute, Buridan, si je
meurs et que tu vives, tu me vengeras, pas vrai ?

BURIDAN.

Oui, si je vis et si tu meurs... mais si je meurs et si tu vis...
ou si nous mourons tous les deux ?... Il faut tout prévoir, il
nous faut un truc, une ficelle pour sortir de cette situation
délicate.

PHILIPPE.

Cherchons une issue. (Il se heurte au mur.) Aïe !...

BURIDAN.

Qu'est-ce ?

PHILIPPE.

Je viens de me cogner le nez... je saigne... (Il met son mouchoir à son nez.)

BURIDAN.

La ficelle est trouvée ! Tiens, voici des tablettes... tu tiens encore cette épingle, ton nez te servira d'encrier... Trempe ton épingle dans ton nez et écris, pour que ton frère me croie...

PHILIPPE, qui a pris les tablettes.

Oui, oui, je comprends !...

BURIDAN.

Dépêche-toi...

PHILIPPE, écrivant en prenant du sang sur son mouchoir.

Ah ! mais ce n'est pas facile d'écrire avec une épingle... Je parierais bien que ça ne s'est jamais fait !... Na ! voilà !

BURIDAN, prenant les tablettes et l'épingle.

Maintenant, séparons-nous... Nous sommes deux, si l'on venait nous attaquer, nous pourrions nous défendre... Séparons-nous.

PHILIPPE.

Adieu, frère !... A la vie, à la mort !

BURIDAN.

C'est bon, c'est bon... ne nous attendrissons pas !... (Philippe sort.)

PHILIPPE, en sortant.

Si je sais ce que je vas faire par là... par exemple... (Il disparaît par la gauche.)

BURIDAN.

Voyons, par où fuir?... Justement, cette fenêtre n'a pas été grillée tout exprès... La rivière coule en bas, je peux m'élancer de la scène, dans la Seine... et je nage comme un goujon...

PHILIPPE, dans la coulisse.

Ah'!...

BURIDAN.

On égorge mon ami !... Je suis brave et mon devoir serait de le défendre... mais mon tour peut venir... plongeons! Buridan, mon patron, ayez pitié de moi ! (Il saute par la fenêtre, en criant·) Allons, messieurs, pour la pleine eau !

PHILIPPE, rentrant blessé par la gauche.

Au secours ! a la garde ! à la garde ! (Il tombe.)

MARGUERITE, rentrant masquée, la lampe à la main *.

«Voir ton visage et puis mourir, » disais-tu?... (Elle se démasque.) Eh bien, regarde... et meurs !...

PHILIPPE.

Marguerite de Bourgogne, reine de France ! (Le rideau tombe.
— Le crieur de nuit paraît devant le rideau, et traverse la scène, en criant :)

* Marg. Phil.

LE CRIEUR DE NUIT.

Il est trois heures, il fait très-beau, un peu frais, mais très-beau ! L'entr'acte est très-court ; le public peut aller prendre sa chope, mais l'entr'acte est très-court. Tout est tranquille dans la bonne ville de Paris. Parisiens, sortez ! (Il disparait.)

ORSINI, paraissant à un coin de rideau.

Ah ! ah ! ah !... elle est encore bien bonne, celle-là ! (Il disparait.)

DEUXIÈME TABLEAU

La chambre de la reine, avec un lit à gauche ; portes au fond et à gauche ; table à droite, avec papier, plumes et encre ; un trône près de la table ; fenêtre à droite.

SCÈNE PREMIÈRE.

MARGUERITE, couchée, JAVOTTE, puis GAUTHIER D'AULNAY, (NICOLAS).

MARGUERITE.

Javotte, que se passe-t-il dans la rue ?

JAVOTTE, à la fenêtre.

C'est z-un jeune seigneur que madame connaît, qui parle à un moine que je ne connais pas.

MARGUERITE.

Et quel est ce jeune seigneur ?

JAVOTTE.

C'est M. Gaunay d'Authier.

MARGUERITE.

Vous voulez dire Gauthier d'Aulnay ?...

JAVOTTE.

Oui, madame.

MARGUERITE.

Que fait-il ?

JAVOTTE.

Il entre sous le palais de l'arcade.

MARGUERITE.

Vous voulez dire sous l'arcade du palais ?

JAVOTTE.

Oui, madame.

MARGUERITE.

Sortez !

JAVOTTE.

Oui, madame. (Elle sort par le fond. Au même instant, Nicolas, sous le costume de Gauthier d'Aulnay, paraît à la porte de gauche.)

GAUTHIER *.

Coucou!

MARGUERITE.

Ah! le voilà!... Eh bien, vous n'avez pas été long à monter les escaliers du Louvre, par exemple!

GAUTHIER, allant s'appuyer sur le pied du lit **.

Ma reine a-t-elle fait des songes dorés sur tranche?

MARGUERITE.

Oui, j'ai fait un rêve assez drôlichon... Mais, à qui parliez-vous donc sous ma fenêtre?

GAUTHIER.

A un moine de Saint-Antoine, qui m'a remis des tablettes qui contiennent des choses secrètes... Mais parlons d'autre chose qu'est plus intéressant.

MARGUERITE.

Ah! oui, parlons-en!

JAVOTTE, rentrant par le fond.

Madame, voilà de la société qui voudrait entrer ***.

MARGUERITE.

Tire les rideaux, Javotte, et viens me passer ma robe écarlate.

GAUTHIER, avec douleur ****.

Voilà déjà que vous vous *s'en* allez?

MARGUERITE.

Je vas te revoir, mon chéri. Monseigneur le roi revient demain; mais tu sais bien que c'est toi seul qu'est mon maître, c'est toi seul qu'est mon roi!... c'est toi qu'a eu la fève... tu le sais bien, vaurien!... (Elle lui envoie un baiser. — Javotte ferme les rideaux et sort par la gauche.)

GAUTHIER, seul.

Quelle langue dorée! et quelle sagesse! Ah! aucune femme vertueuse ne peut lui être comparée dans toute la France ni à l'étranger.

SCÈNE II.

GAUTHIER, ENGUERRAND DE MARIGNY, SAVOISY, PIER-REFONDS, SEIGNEURS, puis MARGUERITE, PAGES, DAMES D'HONNEUR. — Les seigneurs sont proprement, mais grotesquement vêtus.

CHŒUR.

Air de *la Fille du diable*.

Le devoir ici nous ramène,
En l'absence de Louis dix,
Au petit lever de la reine
Bienheureux ceux qui sont admis.

* Gau. Mar.
** Mar. Gau.
*** Mar. Gau. Jav.
**** Gau. Mar. Jav.

ENGUERRAND.

Tiens, voici Gauthier!
Il est le premier.

GAUTHIER.

Voici Pierrefond !
Il est le second.

ENGUERRAND.

Voici Savoisy !

SAVOISY.

Voici Marigny !

TOUS.

Bref, tous nous voici
Réunis ici.
Le devoir ici nous ramène, etc.

UN PAGE, annonçant.

La reine !

MARGUERITE, entrant par la porte de gauche, suivie de deux autres pages et de dames d'honneur *.

Merci, messieurs, ça ne va pas plus mal qu'hier... Quoi de nouveau dans notre bonne ville de Paris ?

SAVOISY.

On a encore trouvé deux asphyxiés sur la grève, un peu au-dessous de la tour...

MARGUERITE, jouant la douleur.

Vraiment ? Ah ! tant pis, tant pis!... (Fredonnant.) Désolant, désolant, désolant, désolant !

GAUTHIER, passant près de Marguerite **.

A propos, messieurs, j'oubliais... Personne de vous n'a vu mon petit-frère ?

TOUS.

Non !

MARGUERITE.

En effet, vous deviez me le présenter ce matin ?

GAUTHIER.

Il est arrivé hier soir par le coche d'Auxerre... Il m'a quitté pour aller je ne sais où...

MARGUERITE.

Voyez-vous ça, le petit coureur !

GAUTHIER.

Et je suis étonné...

SAVOISY.

Voulez-vous consulter le bohémien que nous avons amené avec nous, pour amuser notre reine ?

MARGUERITE.

Ah bah! vraiment?... Faites-le donc entrer tout de suite; 'adore me faire dire la bonne aventure... Dans du marc de

* Gau. Eng. Marg. Sav.
** Eng. Gau. Marg. Sav.

café, c'est très-amusant ! (Musique. — Buridan, introduit par Savoisy, entre par le fond. Marguerite, conduite par Gauthier, va s'asseoir sur le trône.)

SCÈNE III.

LES MÊMES, BURIDAN, en bohémien.

BURIDAN, à part *.

Déguisons mon organe... (Haut, en changeant sa voix.) Qui me demande ?... Parlez, faites-vous servir, messeigneurs... A qui le tour ?

SAVOISY.

Tenez, voici M. Enguerrand de Marigny qui ne croit pas à la bonne aventure...

BURIDAN.

Il a tort. (A Enguerrand.)

Air de *la Bonne aventure.*

Vois quel pouvoir est le mien !
D'une voix sinistre,
Je prédis, moi, bohémien,
Au premier ministre
Qu'à Montfaucon suspendu,
Ce soir il sera pendu !

ENGUERRAND, riant.

Ah ! ah ! ah ! ah ! (Achevant l'air.)

La bonne aventure,
Au gué !   } (bis en chœur.)
La bonne aventure !

GAUTHIER, à Buridan.

Sorcier, que me diras-tu, à moi ?

BURIDAN.

Gauthier d'Aulnay !... (Gauthier fait un mouvement de surprise.) A ton âge, le passé, c'est avant z-hier, l'avenir ; c'est après-de-main...

GAUTHIER.

Parle-moi du présent, si ça t'est égal ?

LE BOHÉMIEN.

Parlons-en !... Nous attendons petit-frère... et petit-frère ne vient pas...

GAUTHIER.

Où est-il ?

* Eng. Sav. Bur. Gau. Marg.

BURIDAN.

Même air.

Va-t-en vite sur le quai,
  Et regarde vite
Le bras gauche d'un noyé.

GAUTHIER.

Je r'gard'rai tout d' suite
Son visage et non son bras.

BURIDAN.

Regarde où c' que tu voudras!

GAUTHIER.

La triste aventure,
    Au quai!   } (*bis en chœur.*)
La triste aventure!

(Criant.) Mon frère! mon frère!... mon frère!... (Il sort vivement par le fond, en jetant par terre deux seigneurs.)

MARGUERITE, à part [*].

Quel est cet homme?... (Haut.) Marigny!... pssit!... ici!... (Enguerrand s'approche un peu.) Ne me quittez pas... J'ai un intérêt immense à ce que vous n'entendiez pas ce qu'il va me dire... Approchez-vous. (Enguerrand se place tout près de la reine, à sa gauche.)

BURIDAN [**].

Même air.

Marguerite, je te vois
  Du sang au visage.

MARGUERITE.

Oui, je m' suis piqué', je crois,
  En f'sant mon ménage.

BURIDAN.

C'est peut-être avec cela...
Cette pipique...
    (Il montre l'épingle.)

MARGUERITE, à part.

            Oh! la! la!
Piquante aventure,
    Au gué!
Piquante aventure!

BURIDAN, bas.

Je sais tout!... Je pourrais vous dire : Venez au cabaret d'Orsini, il faut que je vous y parle, et vous y viendriez, quoique vous soyez reine de France, et bien que ce soit un affreux bouiboui; mais il est fort inutile de vous déranger;

[*] Eng. Sav. Bur Mar.
[**] Sav. Bur. Marg. Eng.

renvoyez ces seigneurs, je veux rester avec vous tête-à-tête. (Marguerite fait un mouvement.) Renvoyez vos gens, que je vous dis !

MARGUERITE, à Enguerrand.

Marigny, vous n'avez rien entendu, n'est-ce pas ?

ENGUERRAND.

Non, madame.

MARGUERITE, badinant.

Messeigneurs... je me paye le grand jeu ; qu'on me laisse seule avec le diseur de bonne aventure. (Les seigneurs, dames et pages se retirent par le fond. — Musique.)

SCÈNE IV.

BURIDAN, MARGUERITE.

MARGUERITE, toujours assise.

Nous sommes seuls... Que me veux-tu, bohémien ?

BURIDAN.

Je ne suis pas de Bohème... Peut-être as-tu ouï parler de l'âne de Buridan ?

MARGUERITE.

Serais-tu cet âne transformé en mortel ?

BURIDAN.

Non ; mais, comme lui, je me demande ce que je dois choisir entre beaucoup d'or, ou beaucoup d'honneurs.

MARGUERITE.

Et tu hésites entre ces deux picotins ?

BURIDAN.

Non, je choisis tout.

MARGUERITE, se levant.

Monsieur s'amuse ?...

BURIDAN.

Peut-être... Mais ce que j'ai à te dire ne va pas t'amuser!... A ton compte, Marguerite, n'est-ce pas qu'il manque un troisième noyé sur la rive?...

MARGUERITE, tremblante.

Et ce troisième ?... (Elle passe à gauche.)

BURIDAN *.

Merci, pas plus mal... et chez-vous ?... Ce troisième, tu l'as deviné, n'est-ce pas, Marguerite?... C'est moi !...

MARGUERITE.

Toi ?

BURIDAN.

Cabinet bleu, n° 3... J'ai zévu l'honneur de souper avec ta belle-sœur, Blanche de La Marche...

* Mar. Bur.

MARGUERITE.

Tu mens !

BURIDAN.

A preuve : nous avons mangé du saumon sauce verte...

MARGUERITE.

Assez !

BURIDAN.

Du chevreuil sauce piquante, et un parfait...

MARGUERITE.

Assez, te dis-je !... Mais tu es bien imprudent de me venir dire tout ça, comme ça ! Mais, nigaudinos que tu es, tu ignores donc que je n'ai qu'à faire un signe... qu'à lever un doigt pour te fourrer dedans ?...

BURIDAN.

Allez-y !... J' vous en défie !...

MARGUERITE, passant à droite *.

Mais il est fou, ce grand Lazarille !

BURIDAN.

Fais-moi z-arrêter... Voyons, essaye un peu, pour voir, et dans deux jours Gauthier d'Aulnay, le chéri de ton cœur, ouvrira des tablettes sur lesquelles son petit frère a écrit, avec son sang, le nom de son assassine...

MARGUERITE, à part, passant à gauche **.

Je suis pincée ! (Haut, s'approchant de lui.) Que veux-tu pour te taire ?... Parle, combien c'est ?

BURIDAN.

Je veux t-être grand justicier, grand receveur des gabelles, grand inspecteur à la halle aux herbes, grand surintendant des finances et grand éclusier du canal !

MARGUERITE, passant à droite ***.

Tu seras tout cela... (Elle se met à écrire sur un parchemin et dit :) Apporte-moi les sceaux de l'État... Ils sont là, sous mon oreiller.

BURIDAN, allant au lit.

Très-bien !...

MARGUERITE, avec rage, écrivant toujours.

Ah ! démon !... si je te tiens un jour dans mes filets de Tolède, tu passeras un mauvais quart d'heure !... Oh ! ces tablettes, ces tablettes... je donnerais la plus belle mèche de mes plus beaux cheveux à celui qui me les apporterait !...

BURIDAN, apportant les sceaux.

Voilà les sceaux !... (Il les donne à Marguerite, qui scelle le parchemin, en l'appuyant sur la poitrine, puis sur le dos de Buridan, ensuite elle le lui remet.)

* Bur. Mar.
** Mar. Bur.
*** Bur. Mar.

BURIDAN, regardant le parchemin.

Je suis nommé !... Complet!... (On entend crier au dehors Gauthier d'Aulnay qui dit :)

GAUTHIER.

·Vengeance ! vengeance !

MARGUERITE.

On vient!... Tu as ce que tu m'as demandé?...Va!... va!... (Buridan sort à gauche. — Musique.)

SCÈNE V.

MARGUERITE, ENGUERRAND, GAUTHIER D'AULNAY, LES SEIGNEURS. Gauthier entre précipitamment par le fond, suivi de tous les seigneurs.

GAUTHIER.

Justice ! vengeance ! vengeance ! justice, Marguerite ! Mon frère... on l'a tué!... Mon grade, mon sang, ma vie, Marguerite, eux, toi, moi, lui !... Ah!... (Il tombe évanoui sur le trône.)

MARGUERITE, à part.

O chance ! ô hasard !... ces tablettes !... (Haut, aux seigneurs.) Laissez-lui de l'air! en arrière !... (Tous les seigneurs se retournent... Elle va à Gauthier *.) J'ai mes selses, je vas le faire revenir... Voyons si le cœur bat... (Elle lui palpe la poitrine, et s'écrie à part.) Elles sont là! (Elle desserre le pourpoint et se saisit des tablettes.) Les voici !... je les tiens !... Voyons !... (Elle les ouvre en cachette, les parcourt, et en arrache un feuillet.) Maintenant, remettons-les à leur place... (Elle remet les tablettes, et lui fait respirer un gros flacon.) Respirez, mon ami. C'est du vinaigre de Bully, ça ravigotte... (Gauthier se ranime.) Il revient à lui!...

GAUTHIER.

Où suis-je donc ?...

MARGUERITE.

Au Louvre, près de moi!

GAUTHIER, se levant, revenant tout à fait à lui, et criant :

Ah! vengeance ! justice!... Marguerite, mon grade, mon sang, ma vie, eux, toi, moi!...

MARGUERITE.

Assez! tu l'as déjà dit... Viens, je vais te signer l'arrêt de mort de l'assassin de ton frère!....

GAUTHIER.

Oh! merci... merci, ma reine!... Vengeance! justice!... (Il sort avec Marguerite par la gauche, Buridan rentre par le fond.)

* Eng. Mar. Gaut.

SCÈNE VI.

Tous les seigneurs, BURIDAN, arrivant avec deux gardes.

BURIDAN, un parchemin à la main [*].

Bataillon, halte !... Le sieur de Marigny, s'il vous plaît ?

ENGUERRAND.

Me voici...

BURIDAN.

Voilà ce qui vient de paraître !... (Lisant le parchemin.) « Ordre de Marguerite de Bourgogne, au capitaine Buridan, d'arrêter le sire de Framboisy... dit comte de Marigny... et de le conduire à Montfaucon... »

ENGUERRAND.

Moi ?

BURIDAN.

Allons, vivement! Nous ne sommes pas ici pour nous amuser. (Il fait signe aux gardes qui emmènent Enguerrand par le fond. Entre par la gauche Gauthier d'Aulnay, tenant un parchemin et suivi de deux gardes.)

SCÈNE VII.

Les mêmes, GAUTHIER D'AULNAY, puis **MARGUERITE DE BOURGOGNE.**

GAUTHIER, lisant son parchemin à son tour [**].

« Lettres épatantes de Marguerite de Bourgogne, ordonnant au capitaine Gauthier d'Aulnay de saisir au corps, et partout où il le trouvera, le capitaine Buridan. » (Marguerite paraît à gauche.)

BURIDAN [***].

Je le veux bien, mais rendez-moi mes tablettes...

GAUTHIER, les lui donnant.

Les v'là !

BURIDAN, après les avoir ouvertes.

Une page a été déchirée?...

MARGUERITE.

Oui, pour me faire une cigarette !...

BURIDAN, avec un rire sardonique.

Ah ! ah ! ah !... je comprends... une cigarette... à toi !... (A part.) Je suis fumé !... (A Gauthier, avec force.) Gauthier d'Aulnay, quand on vous confie un portefeuille, il faut au moins savoir le garder un jour... C'est le fait d'un gentilhomme

* Eng. Bur.
** Bur. Gau.
*** Mar. Bur Gau.

déloyal, que de ne pas savoir garder un portefeuille ; je l'au
rais confié à un cocher qu'il me l'aurait rapporté, lui !.
Je me rappellerai ton numéro... Bien joué, Marguerite,
toi la première manche... Mais je te garde un chien de Zé
mire, et j'espère bien avoir la seconde manche et la belle.
Marchons, messieurs ! je vous emboîte !...

MARGUERITE.

Gardes, conduisez cet homme à la prison du Grand-Châte
let !...

BURIDAN.

Au revoir, marquise du Châtelet ! (Il sort au milieu des garde
par le fond.)

———

ENTR'ACTE

—

TOURNESOL, dans une loge de second rang.

Ça n'est pas mal ! ça n'est pas mal du tout !... N'est-ce pas
messieurs ? Vous trouvez peut-être que cet acte manque d
couplets ? C'est aussi mon avis. J'avais mis en couplets le
deux arrestations, ce qu'on est convenu d'appeler la scèn
des parchemins. Voici ce que chantait d'abord Buridan. (
chante.)

Air de *l'Ours et le Pacha.*

Moi, Marguerite de Bourgogne
Au capitaine Buridan,
Par toute la ville j'ordonne,
D'arrêter le sieur Enguerrand.

Et, pour Gauthier d'Aulnay, il y avait une variante. (Il chante.

Moi, Marguerite de Bourgogne,
J'ordonne à Gauthier le vaillant
D'arrêter, ce soir, en personne,
Le capitaine Buridan.

A part cela, je trouve que la pièce marche très-bien... Je vou
ferai observer que l'évanouissement de Gauthier est de moi..
Ce moyen de faire prendre les tablettes est d'abord infinimen
plus naturel que celui de la pièce...

MOUFLETON, paraissant sur l'avant-scène, devant le rideau.

Pardon, monsieur Tournesol...

TOURNESOL.

Tiens, c'est Orsini !

MOUFLETON.

Nous allons jouer l'acte de la prison... mais nous ne pourrons pas aller plus loin.

TOURNESOL.

Qu'est-ce que vous me dites là ?

MOUFLETON.

Le garde champêtre, chargé du rôle du roi, s'est oublié entre deux litres... et nous n'avons plus de Louis X.

TOURNESOL.

Plus de Louis X!... Mais c'est mon dénoûment!... le dénoûment inattendu que le public attend!

MOUFLETON.

Nous sommes obligés de le supprimer.

TOURNESOL.

Le supprimer ?... Jamais!... Je jouerai Louis X... Je sais le rôle, puisque c'est moi qui l'ai fait! (On frappe les trois coups.)

MOUFLETON.

Alors, on va commencer l'acte de la prison. (Il disparaît.)

TOURNESOL.

Allez, allez! Je m'habillerai pendant la prison. (Il sort de la loge.)

ACTE TROISIÈME

PREMIER TABLEAU

Un caveau du Grand-Chatelet. Porte à droite.

SCÈNE PREMIÈRE.

BURIDAN, seul, lié et couché sur une botte de paille.

Je suis mal couché!... Mais je le mérite... car je fais bêtises sur bêtises!... Grand serin que je suis!... aller confier mon portefeuille à son amant de cœur!... Et puis j'ai la naïveté d'aller lui dire ça, à elle!... Ah! comme ils doivent se gloser de moi à l'heure qu'il est!... O Marguerite! Marguerite!... (Avec inspiration.) Si elle pouvait venir me trouver ici!... Ça n'a aucune raison d'être... ça n'aurait pas le sens commun... mais les femmes de cette époque sont si *bizardes!* Elle viendra... En attendant, tâchons de casser une canne... J'ai envie de dormir! (Il se retourne, le dos au public. — Musique. — Marguerite entre précédée d'Orsini.)

SCÈNE II.

BURIDAN, couché, ORSINI, MARGUERITE.

ORSINI, qui éclaire la reine..

Vous voyez cette botte de paille?... C'est lui!...

MARGUERITE.

Est-il bien ficelé au moins?

ORSINI.

Un saucisson en serait jaloux.

MARGUERITE, prenant la lampe.

Va-t'en , et sois ici au moindre cri! (Orsini sort. — Marguerite, tenant la lampe, s'approche de Buridan.)

BURIDAN *.

Tiens, de la lumière !... (Il se retourne peu à peu.)

MARGUERITE.

C'est moi... Tu ne m'attendais pas, je parie?

BURIDAN.

Je ne t'attendais pas, mais j'étais sûr que tu viendrais.

MARGUERITE.

Pourquoi ça? (Elle va poser la lampe dans une petite niche à droite.)

BURIDAN.

Parce que je me disais : elle voudra voir le nez que je fais ici... Femme de toutes les volupetés, elle voudra se payer celle-là.

MARGUERITE.

Oui, et ça n'est pas cher !... (Tirant de dessous son corsage un papier.) Tiens, la voici cette page de ton portefeuille, où le petit Philippe écrit à son frère que c'est moi qui l'ai occis... La reconnais-tu?... (Elle la lui fourre sous le nez à trois reprises.) Tiens, tiens, tiens. (Elle brûle la feuille.) Regarde !... et que cette dernière flammèche soit le dernier espoir de la dernière heure de ton dernier jour...

BURIDAN.

Faudra voir... Je ne suis pas à Berlin, mais j'aurai des uges, un tribunal, un défenseur et des témoins à décharge...

MARGUERITE.

T'auras la chatte !... Quand on tient sous les verrous des malins de ton espèce, on fait entrer à minuit, dans le cachot, un homme très-fort, avec une corde très-solide ; l'homme très-fort fait passer la corde très-solide par un des anneaux fixés à ce plafond, il en attache un bout au cou du malin, et prend l'autre dans sa main. Alors, deux hommes se trouvent aux deux bouts de la corde, l'un qui tire la ficelle et l'autre

* Bur. Marg.

qui tire la langue. Et maintenant, adieu, bonsoir ! Tu n'as plus rien à me dire ?... (Elle prend la lampe et se dispose à s'en aller.)

BURIDAN.

Si fait !... J'ai une petite tartine à t'offrir pour ton souper...

MARGUERITE.

Merci ! Je repasserai la semaine prochaine. (Elle se dispose à sortir.)

BURIDAN, criant.

C'était en 1207, sous le duc Robert II... La Bourgogne était heureuse, la récolte excellente, les pommes de terre pas malades, les vins du meilleur cru... Tu avais alors vingt ans de moins, et moi j'ai aujourd'hui vingt ans de plus.

MARGUERITE, revenant et posant la lampe.

Que dit-il ?..

BURIDAN.

Air de *Gil-Blas*.

C'était sous l' duc de Bourgogne
Que cette histoir'-là
Se passa.

MARGUERITE.

Oh ! la la, oh! la la la la !
Oh ! la la! qu'est-ce qu'il racont' là?

BURIDAN.

Et l'on ne peut, sans vergogne,
Être indifférent à
Ce cont'-là.

MARGUERITE.

Oh ! la la, oh! la la, la la !
Oh ! la la! qu'est-ce qu'il racont' là ?

BURIDAN.

Un page aimait la jeun' fille
Que le duc de Bourgogne avait...
Il était de bonne famille,
Car on l'appelait Lyonnet...

MARGUERITE, parlé.

Lionnet !...

BURIDAN.

Du page et de cette infâme
Naquirent en douze cent sept,
Deux garçons, deux jumeaux, madame,
Qu'on nomma les frères Lyonnet. (*bis*)
(Trémolo à l'orchestre.)

MARGUERITE.

Deux enfants !... Quel souvenir !...

BURIDAN.

Marguerite, je voudrais bien changer de position... J'ai un

lumbago!... (Marguerite va à lui et lui aide à changer de position.) Merci!...
là, très-bien; où en étais-je resté?...

MARGUERITE.

Tu en étais resté aux frères Lionnet.

BURIDAN.

Même air.

Bientôt le duc de Bourgogne,
Connut d' ces enfants-là
Le papa.

MARGUERITE.

Oh! la la, oh! la la, la la!
Oh! la la! c'est qu' c'est vrai, tout ça!

BURIDAN.

Et Marguerit' de Bourgogne
Dit au pag' que voilà :
(Il se désigne.)
Tue papa!

MARGUERITE.

Oh! la la, oh! la la, la la!
Oh! la la! me v'là dans d' beaux draps!

BURIDAN.

Ah! c'était, je le confesse,
Une bell' tête de vieillard,
Que l'assassin revoit sans cesse,
Lorsque sonne minuit un quart!
Et ma complice imprudente
Traça ces mots révélateurs :
Je te fais trois cents francs de rente,
Mon cher, va te faire pendre ailleurs.
(L'orchestre achève l'air piano.)

MARGUERITE, à part.

Oh! on ne devrait jamais écrire!... (Haut.) Et cette lettre?...

BURIDAN.

Elle sera remise demain au roi Louis X, ton époux, quand
i rentrera dans sa bonne ville de Paris.

MARGUERITE.

Tais toi!... tais-toi!...

BURIDAN, se levant tout à fait.

Allons, un dernier service : ôte-moi ces poucettes avec tes
jolies menottes...

MARGUERITE, exécutant ses ordres.

Oui, oui, oui...

BURIDAN, étendant les bras et se mettant à sauter.

Ah! que c'est bon de pouvoir faire de la gymnastique! Marguerite, j'entends être plus roi que le roi!

MARGUERITE.

Tu le seras!

BURIDAN.

L'affaire est arrangée... Mais, dis-moi, qu'as-tu fait des deux petits?

MARGUERITE.

Je les ai confiés aux soins maternels d'Orsini.

BURIDAN, passant à droite et appelant *.

Orsini!...

MARGUERITE, vivement.

Il est en course !

SCÈNE III.

LES MÊMES, ORSINI.

ORSINI, entrant **.

Présent !

BURIDAN.

Tu vois bien qu'il était là !... Orsini, qu'as-tu fait des deux mioches?

ORSINI.

Ah! pardon! on m'avait dit de les jeter à la Seine comme deux petits chats, je n'en ai pas eu le cœur ; je les ai exposés tout doucement au coin d'une borne, par une petite gelée...

BURIDAN, avec feu et l'embrassant.

Honnête homme ! brave homme ! vertueuse nature ! Cette idée-là t'est venue tout de suite? C'est une idée mère qui lui est venue à ce garçon, qu'on n'avait pas besoin de *neyer* ces petits, quand on pouvait les exposer par une petite gelée... Et qui les a ramassés?

ORSINI.

Landry... un coquin...

BURIDAN.

C'est un de mes amis !... Ah! que je suis content!!... (A Marguerite.) Comme on se retrouve, pourtant!...

MARGUERITE.

Oui, et sans se chercher !

BURIDAN.

Te rappelles-tu les jolis rendez-vous que je te donnais à la fontaine?...

MARGUERITE.

Où il y avait tant de cresson?... Oui, je m'en souviens...

BURIDAN.

Marguerite, si je t'en donnais encore un de rendez-vous, comme à la cressonnière... y viendrais-tu?

MARGUERITE.

Pourquoi pas? Où ça ?

* Mar. Bur.
** Mar. Bur. Orsi.

BURIDAN.

A la tour de Nesle, comme deux bons amis...

MARGUERITE, à part.

Oh! l'imprudent! (Haut.) Je le veux bien... Tiens, en voici une clef... (A part.) Il s'enfonce, le jocrisse!...

BURIDAN, à part.

Elle n'a pas inventé la poudre à gratter. (A Orsini.) Hôtelier du diable, prends cette lampe et éclaire le chemin de la reine et de son grand justicier. grand receveur des gabelles, grand inspecteur à la halle aux herbes, grand surintendant des finances, grand éclusier du canal... et chef de train!... Oh! oui, pardieu! chef de train!... (Il sort avec Marguerite.)

ORSINI.

Ah! ah! elle est encore bien bonne, celle-là! (Il sort. — Changement à vue.)

DEUXIÈME TABLEAU

LA TOUR DE NESLE

Même décor qu'au deuxième acte.

—

SCÈNE PREMIÈRE.

LOUIS X, entrant par la droite. Il est en costume royal : grande couronne sur la tète ; un manteau est jeté sur ses épaules.

Je suis le roi Louis X, dit le Hutin ; j'arrive de la Champagne, et je suis rentré incognito et enveloppé de ce manteau chocolat dans ma bonne ville de Paris. Il paraît, si j'en crois la rumeur publique, qu'il s'y commet de bonnes petites gredineries, dans ma bonne ville de Paris. On m'a signalé la tour de Nesle comme un très-vilain endroit, et j'ai voulu voir par mes yeux... J'avais heureusement conservé mon passe-partout, et m'y voici!... (Il écoute.) J'entends marcher... ce doit être quelqu'un qui vient!... Cachons-nous, et allons nous mettre en observation à mon œil-de-bœuf. (Il sort par la gauche.)

SCÈNE II.

MARGUERITE, ORSINI, LOUIS X, caché, puis BURIDAN.

MARGUERITE, entrant par la droite avec Orsini, avec une grande bonhomie.

Comprends-moi bien, mon bon petit Orsini : c'est un meurtre des plus indispensables que je te commande là.

ORSINI.

Ah ! ça devient fatigant, madame, ça devient fatigant... parole d'honneur !

MARGUERITE, toujours avec bonhomie.

Voyons... il faut se faire une raison... Cet homme connaît tous nos petits secrets... et pourtant, j'hésitais... vrai, j'hésitais, quand cet imbécile me donne rendez-vous ici lui-même ; car il s'est invité lui-même...

ORSINI.

Allons ! encore celui-là... Mais à l'avenir...

MARGUERITE.

Je te comprends... tu es las ; tu voudrais te retirer des affaires, et vivre de tes petites rentes... Paresseux !

ORSINI.

Oui, je voudrais aller vivre à la campagne, élever des lapins et des giroflées.

MARGUERITE, avec enthousiasme.

Tu iras demain ; mais aujourd'hui, c'est bien convenu, dès que Buridan montera le petit escalier tournant?...

ORSINI.

Il tournera de l'œil ; c'est dit...

MARGUERITE.

Parfait ! (Orsini sort par la droite. Marguerite le conduit jusqu'à la porte.)

LOUIS, qui a montré sa tête à un œil-de-bœuf, au fond, à gauche.

Mais, quelle peut être la scélérate !... Ciel ! c'est ma femme !

MARGUERITE, revenant sur le devant.

Ah ! ce Lyonnet, ce Buridan, ce démon, il va donc rentrer dans l'enfer, d'où il est sorti.

BURIDAN, sautant par la fenêtre du fond*.

Me v'là !

MARGUERITE.

Par la fenêtre !... A moi !... à moi ! (Elle va à la porte de droite.)

BURIDAN, l'arrêtant**.

Marguerite, réjouis-toi !... Marguerite, j'ai retrouvé nos enfants !...

MARGUERITE.

Nos enfants !... Dis-tu vrai?

LOUIS X, à part.

Eh bien , j'en apprends de belles !

BURIDAN.

L'homme qui les a sauvés et qui leur a servi de mère...

MARGUERITE.

Eh bien ?

BURIDAN.

Cet homme, plein de prévoyance, leur a gravé une croix sur le bras gauche... une croix de Bourgogne.

* Mar. Bur.
**Bur. Mar.

MARGUERITE.

La croix de leur mère!... Après? ces enfants, où sont-ils?

BURIDAN.

L'un d'eux était ici avant-hier; c'était le plus jeune...

MARGUERITE, passant à gauche.

Philippe d'Aulnay!... Vengeance du ciel!

BURIDAN *.

Et l'autre, c'est Gauthier!

MARGUERITE.

Gauthier!

BURIDAN.

Je lui ai fait parvenir la clef que tu m'avais donnée... Il va venir par le petit escalier tournant...

MARGUERITE.

Ah! malheureux!... Ah! malheureuse!

BURIDAN.

Qu'as-tu donc?

MARGUERITE.

Je croyais que c'était toi qui viendrais par l'escalier tournant.

BURIDAN.

Après?

MARGUERITE.

Et j'ai posté Orsini pour l'assommer!

BURIDAN.

Merci. Je te reconnais-là, Marguerite... La main, pour l'intention...

LOUIS X, à part.

Ah! ma femme est bien légère!... (Il disparaît.)

BURIDAN ET MARGUERITE, ensemble.

Mais il est peut-être temps encore de le sauver... Courons! (Il sort à la porte de droite.)

GAUTHIER, du dehors.

Misérable!... assassin!... gueux!... brigand!...

MARGUERITE.

C'est sa voix!...

BURIDAN.

On l'égorge!...

SCÈNE III.

LES MÊMES, GAUTHIER d'AULNAY, entrant par la droite.

GAUTHIER, un grand rasoir à la main **.

Rassurez-vous... c'est Orsini qui a son affaire.

BURIDAN.

Ils ont changé de rôles!... C'est le tueur qu'est tué!

* Mar. Bur.
** Mar. Gau. Bur.

MARGUERITE.

O bonheur !

BURIDAN.

Mon fils, embrassez votre mère !...

GAUTHIER, l'embrassant.

Ma mère !

MARGUERITE.

Mon fils, embrassez votre père...

GAUTHIER, même jeu à Buridan.

Mon père !...

BURIDAN.

Marguerite !...

MARGUERITE.

Buridan ?...

ENSEMBLE.

Embrassons-nous ! (Ils s'embrassent tous les trois.)

LOUIS X, qui a reparu à la porte de gauche, à part *.

Eh bien, ils ont du cœur, ces gueux-là !... Je suis ému profondément !...

GAUTHIER.

Ah ! si mon frère était là... mon pauvre Philippe d'Aulnay !...
(Musique. — Air : Il a des bottes.)

SCÈNE IV.

LES MÊMES, PHILIPPE D'AULNAY.

PHILIPPE, accourant par la droite **.

Gauthier !.. Gauthier !...

TOUS.

Philippe !...

PHILIPPE, allant de l'un à l'autre.

Buridan ! mon frère !... Marguerite !

GAUTHIER ***.

Tu n'es pas mort ?

MARGUERITE.

Mais comment se fait-il ?...

BURIDAN.

Par quel procédé ?...

PHILIPPE.

Eh bien, oui, j'ai été poignardé, noyé, et vous vous demandez comment je vis encore. Ne me le demandez pas. C'est un secret que j'ai juré de ne révéler à personne.

* Louis. Mar. Gau. Bur.
** Louis, Mar. Gau. Bur. Phil.
*** Louis, Mar. Phil. Gau. Bur.

MARGUERITE.

Dans mes bras!... dans mes bras!... (Elle l'embrasse.)

LOUIS X, se montrant.

Je n'y résiste plus!...

TOUS, avec effroi.

Le roi!...

LOUIS X, passant près de Philippe.

Ma femme!... (A Buridan.) Monsieur, jeunes gens... venez tous sur mon cœur!

TOUS *.

Il serait possible!

MARGUERITE.

Mon petit Louis!... mon petit Hutin!... on t'a fait des cancans sur moi!

LOUIS X.

Oui, je sais qu'on met sur ton compte la pendaison de sire Enguerrand de Marigny, mais c'est impossible, puisque mon oncle Charles de Valois l'a déjà fait pendre, il y a six ans, pendant que j'étais en Navarre. . Quant à tes amourettes avec Lyonnet de Bournonville, ici présent, comme tout cela s'est passé avant mon mariage, je n'ai rien à y voir... ça ne me regarde pas.

TOUS.

O roi généreux!

LOUIS X.

Ces jeunes gens sont gentils... ils m'intéressent... je veux qu'ils soient élevés tous les deux à l'école de Saint-Cyr.

GAUTHIER ET PHILIPPE.

Ah! sire!

LOUIS X.

A Saint-Cyr!... Cependant, je dois constater que Marguerite de Bourgogne a été au moins un peu légère... (Allant à Buridan.) et que notre ami Buridan s'est livré à certaines cascades... Cela mérite un châtiment...

MARGUERITE ET BURIDAN.

Sire!... (Marguerite passe près de Louis X.)

LOUIS X **.

En conséquence, je vous condamne tous les deux à aller voir l'éléphant du roi de Siam.

MARGUERITE ET BURIDAN, avec douleur.

Ah!... (Sons de trompette au dehors.)

LOUIS X.

On trompette ma rentrée dans ma bonne ville de Paris; ma présence peut y être nécessaire... Suivez-moi, madame la reine... Suivez-moi, messieurs! A cheval!... (Sortie générale par la droite. — Changement à vue.)

* Mar. Louis, Phil. Gau. Bur.
** Phil. Gau. Mar. Louis, Bur.

TROISIÈME TABLEAU

Une grande place couverte de monde.

CORTÉGE DE L'ENTRÉE DU ROI.

ORDRE DU CORTÉGE. — Le cavalier seul. — Les marchands de robinets de la bonne ville de Paris. — Le prévôt des marchands... de crayons. — Les marchands de contre-marques. — La fille des chiffonniers. — Le syndic des canotiers. — Les canotiers de la Seine. — Les blanchisseuses du lavoir Sainte-Opportune (Elles passeront et repasseront). — Le roi. — La reine. — Le grand éclusier du canal. — Gauthier, frère de Philippe. — Philippe, frère de Gauthier. — Seigneurs et gandins du moyen âge.

BALLET RÉGLÉ PAR M. MONET.

LA TURLUTAINE,

Par mesdemoiselles Rosa et Henriette.

LE BALLET DES BLANCHISSEUSES,

Par mesdemoiselles Mignonne, Colombe, Léonie, Constance, Eugénie, Lucy, Ernestine, Héloïse, Pauline, Mathilde, Léonide, Victorine et Blanche.

FIN.

LAGNY. — Typographie de A. VARIGAULT et Cie.

9 782329 673868